DU

DEVOIR DES CATHOLIQUES

DANS LA QUESTION

DE LA LIBERTÉ D'ENSEIGNEMENT;

PAR

LE COMTE DE MONTALEMBERT,
Pair de France.

> Nihil magis diligit Deus in hoc mundo quam libertatem Ecclesiæ suæ.
>
> S. ANSELMI Epist., IV, 9.

PARIS.

AU BUREAU DE L'UNIVERS,
RUE DU VIEUX-COLOMBIER, 29;
ET CHEZ TOUS LES LIBRAIRES.

[illegible]

[illegible]

IMPRIMERIE DE E.-J. BAILLY,
Place Sorbonne, 2.

(EXTRAITS DU MONITEUR DES 4 ET 10 AOUT 1830.)

Ouverture de la Session, 3 août 1830.

Discours de monseigneur le duc d'Orléans, lieutenant-général du royaume.

« TOUS LES DROITS DOIVENT ÊTRE SOLIDEMENT GARANTIS; toutes les institutions nécessaires *à leur plein et libre exercice* doivent recevoir les DÉVELOPPEMENTS dont elles ont besoin..... »

Article 69 de la Charte : « Il sera pourvu successivement, par des lois séparées et DANS LE PLUS BREF DÉLAI POSSIBLE, aux objets qui suivent : § 8. L'INSTRUCTION PUBLIQUE ET LA LIBERTÉ D'ENSEIGNEMENT. »

Séance du Serment, 9 août 1830.

Serment de monseigneur le duc d'Orléans, lieutenant-général du royaume.

« En présence de Dieu, je jure d'observer fidèlement

« la Charte constitutionnelle, AVEC LES MODIFICATIONS
« EXPRIMÉES DANS LA DÉCLARATION. »

Après avoir prononcé ce serment, Mgr le duc d'Orléans, lieutenant-général du royaume, est proclamé Roi, monte sur son trône, et LOUIS-PHILIPPE Ier, roi des Français, prononce le discours suivant :

« Messieurs les Pairs et Messieurs les Députés,

« Je viens de consommer un grand acte; je sens pro-
« fondément toute l'étendue des devoirs qu'il m'im-
« pose; *j'ai la conscience que je les remplirai....* LES
« SAGES MODIFICATIONS que nous venons de faire à la
« Charte GARANTISSENT LA SÉCURITÉ DE L'AVENIR. »

Retenu loin de la France par un devoir impérieux et sacré pendant les discussions récentes qui ont eu lieu sur la liberté d'enseignement, je n'ai pu défendre à la tribune les droits et les intérêts que j'ai coutume d'y représenter. Mais à Dieu ne plaise que je puisse être soupçonné d'avoir abandonné le combat que je m'enorgueillirai toujours d'avoir en quelque sorte inauguré, il y a douze ans, par le procès de l'École libre, devant la Cour des Pairs elle-même. Qu'il me soit donc permis d'élever de nouveau la voix aujourd'hui, bien que de très-loin, et puisque la tribune politique m'est interdite pour un temps, de m'adresser directement aux Catholiques. J'entends sous ce nom, non pas tous ceux qui ont reçu le baptême d'un prêtre catholique, mais ceux qui professent et pratiquent publiquement la religion qu'ils croient la seule vraie. On sait assez qu'ils ne sont représentés dans l'une et l'autre Chambre que par une imperceptible minorité.

Cet écrit n'aspire qu'à un seul mérite, celui d'une sincérité entière; il aura en outre l'honneur d'être un témoignage d'admiration et de respect pour ceux d'entre les évêques de France qui ont si noblement arraché le masque à l'Université; un témoignage de reconnaissance et de sympathie pour ces jeunes écrivains qui, au milieu des calomnies et des critiques, ont plaidé avec une si généreuse constance et avec un désintéressement si pur la cause de notre foi et de notre avenir.

Ile de Madère, octobre 1843.

Quand on envisage avec calme et impartialité l'état actuel de la France, quand on la compare, telle qu'elle est, avec ce qu'elle a été, avec ce que sont les nations étrangères, on hésite encore à admettre les arrêts de ces juges nombreux et sévères qui condamnent la politique de ses chefs comme la plus mesquine qui ait jamais présidé à ses destinées, qui regardent notre littérature contemporaine comme aussi désordonnée qu'insignifiante, qui proclament enfin l'influence de notre patrie partout amoindrie ou perdue. On aime à repousser ou du moins à ajourner d'aussi désespérantes conclusions; mais il en est une autre, plus funeste encore, à la quelle on arrive tout droit : c'est que jamais et nulle part on n'a vu une nation aussi officiellement irréligieuse que la France de nos jours.

Il ne s'agit pas en cela de ce qu'il peut y avoir encore de foi dans la population, du nombre plus ou moins grand de chrétiens ou de juifs croyant à la religion dont ils portent le nom, parmi les trente-quatre millions de Français : il s'agit de la France comme force sociale, comme puissance publique; il s'agit de son attitude nationale au sein du monde civilisé.

C'est pour la première fois, depuis que le monde existe, qu'on voit une grande nation gouvernée par des hommes d'État qui seraient aussi embarrassés d'avoir une conviction religieuse qu'on l'eût été autrefois de n'en avoir pas.

C'est pour la première fois qu'on voit des assemblées politiques se réunir, délibérer et se séparer sans proclamer, par un acte quelconque, leur croyance au Dieu dont émane toute justice et toute vérité.

C'est pour la première fois qu'on voit l'élite des enfants d'un peuple condamnés à recruter des légions, à s'entasser sur des flottes d'où tout symbole et tout secours religieux sont systématiquement bannis.

C'est pour la première fois, enfin, que les jours consacrés au repos, à la douleur ou à la joie, par la loi religieuse, sont ouvertement et opiniâtrément violés par le travail, en vertu de l'exemple et des ordres de l'autorité supérieure[1].

Jamais, et pas plus dans l'antiquité que dans les annales des peuples chrétiens, un spectacle pareil ne s'était offert au monde. Entre toutes les nations, la France est la première et la seule qui l'ait donné. Ne parlons pas des nations catholiques : la Russie sous le joug du despotisme schismatique, la Turquie sous le sceptre défaillant de la race d'Othman, sont aussi étrangers que l'Espagne ou l'Autriche à cette négation pratique de tout ce qui peut impliquer, dans la vie d'un État, la foi à l'existence d'un Dieu et d'une vérité religieuse. Et si l'on veut mesurer la différence prodigieuse qui sépare à cet égard la protestante Angleterre de la France, il n'y a qu'à comparer l'effet produit sur les deux peuples par deux événements contemporains. Lorsqu'il y a peu de mois, le gouverneur-général des Indes anglaises sembla vouloir honorer l'idolâtrie des soixante millions de sujets hindous de la reine Victoire par la restitution des portes du temple de Somnauth, l'Angleterre tout entière répondit à cet acte par un cri d'indignation et de mépris. Lorsqu'il y a peu d'années, M. le duc de Nemours, fils du roi et futur régent du royaume, posa la première pierre d'une mosquée sur la terre où était mort son aïeul saint Louis, la France ne

[1] La Convention avait ses *décadis*, et les faisait sévèrement observer.

s'en émut pas autant que d'une escarmouche perdue ou d'une revue manquée.

Veut-on une autre preuve de la différence des résultats que produisent les deux systèmes? La voici. On s'étonne quelquefois de la facilité avec laquelle l'immense ville de Londres, avec ses deux millions d'habitants, est maintenue dans l'ordre par une garnison de trois petits bataillons et de deux escadrons, tandis qu'il faut pour contenir la capitale de la France, moins grande de moitié que celle de l'Angleterre, deux armées, l'une de quarante mille hommes de troupe de ligne, l'autre de soixante mille gardes nationaux. Mais quand on arrive pour la première fois à Londres un dimanche matin, quand on voit dans cette gigantesque métropole tout suspendu par obéissance à Dieu; quand, dans ce centre d'affaires colossales, d'intérêts innombrables, et du mouvement commercial le plus étendu de l'univers, dans ce port où viennent chaque jour débarquer les produits des cinq parties du monde, on voit régner un vaste silence, un repos complet, interrompu à peine par la cloche de la prière et les flots pressés d'une population qui va remplir les églises, alors l'étonnement cesse : on comprend qu'il y a un autre frein pour un peuple chrétien que celui des baïonnettes; et que là où la loi de Dieu est exécutée avec une aussi solennelle docilité, Dieu lui-même, si je l'ose dire, se charge de faire la police.

Que la religion perde beaucoup à cette privation des hommages publics d'un royaume qui, comme la France, s'est si longtemps enorgueilli d'être très-chrétien, je ne le pense pas, vu l'état actuel des choses et des esprits parmi nous. Mais que le pays qui a ainsi le premier inauguré l'athéisme national dans toute sa vie officielle, se trouve dans une position aussi étrange que funeste, c'est ce qu'il est impossible de nier, à moins toutefois qu'on n'aime mieux supposer que toutes les sociétés humaines se sont trompées depuis l'origine du monde jusqu'à nos jours, en plaçant la possession d'un culte national au premier rang de leurs gloires et de leurs richesses, et le service de leur Dieu au premier rang de leurs devoirs.

II.

Rien ne démontre mieux combien l'état que nous signalons est incontestable, et, de plus, universellement admis, que les dispositions réciproques des Français les uns envers les autres. Supposez deux Français quelconques, appartenant à ce qu'on appelle les classes éclairées, qui se rencontrent dans un lieu public ou ailleurs, sans se connaître d'avance, et dont l'un cherche à deviner la carrière, les préoccupations ou les convictions de l'autre. La dernière des hypothèses qui se présentera à son esprit, sera de supposer que son concitoyen professe sérieusement et de fait l'une des religions existantes en France. De toutes les exceptions que son imagination aura pu se figurer, celle-là sera à coup sûr la plus rare et la plus improbable.

Bien plus, et cela se voit chaque jour, on vit ensemble pendant des années entières dans un corps politique, dans un tribunal, dans un conseil ou une assemblée quelconque, et l'on est tout étonné de découvrir un jour, par quelque hasard, qu'on a pour collègue ou voisin un homme qui croit à la vérité catholique, et qui pratique sa croyance, sans que personne s'en doutât, tant l'organisation sociale laisse chez nous peu de place à la foi religieuse, tant elle en rend la profession inutile ou impopulaire, dangereuse ou ridicule.

En vain voudrait-on, par je ne sais quelle distinction bizarre, établir qu'*au dehors* le catholicisme c'est la France, et que les grands politiques qui président à nos destinées doivent se poser, aux yeux de l'étranger, comme les défenseurs spéciaux d'une religion à laquelle ils sont eux-mêmes hostiles ou indifférents. C'est là l'illusion de quelques âmes généreuses et inquiètes à bon droit de l'avenir de la patrie; c'est aussi la prétention de quelques meneurs moins aveuglés que d'autres par la passion antireligieuse; mais elle n'ira pas loin. Ni Dieu ni les hommes n'admettront cette fiction insolente qui permettrait à certains hommes de représenter au dehors un ordre de vérités et de faits de conscience qu'ils n'ont pas le courage de professer au dedans. On peut y trouver matière à quelques phrases pour orner des conquêtes dans l'Océan Pacifique : mais en Europe, sur le Rhin, en Orient, en présence de questions sérieuses, dans un conflit de puissance à puissance, les intérêts catholiques ne peuvent manquer d'être oubliés ou trahis par la politique française. Cette vérité n'a malheureusement plus besoin d'être démontrée, depuis que le protectorat exclusif des catholiques dans l'empire ottoman, ce glorieux apanage de l'antique France, a été transformé bénévolement en une sorte de commandite avec quatre puissances qui sont nos rivales, et dont trois au moins sont ennemies nées de l'Église.

II

Ce phénomène, qui vient d'être signalé, unique dans l'histoire du monde, et bien moins redoutable encore en lui-même que comme symptôme du tempérament social qu'il manifeste, à qui faut-il l'attribuer ? sur qui doit en retomber l'effrayante responsabilité ? Serait-ce sur tel ministère, sur telle dynastie, sur telle forme de gouvernement ? Non certes : car il y a peu d'années encore, la France était gouvernée par une maison royale qui faisait une profession publique de la piété catholique dans toute son étendue. Et qui serait assez insensé pour vouloir établir que sous la Restauration la France était plus religieuse qu'aujourd'hui? Non, il faut le reconnaître, quoiqu'il en doive coûter à notre cœur et à notre patriotisme, cet athéisme officiel, qui distingue aujourd'hui la France de toutes les autres grandes nations du monde, n'est que l'expression trop fidèle de la société française, telle qu'elle est sortie du travail intellectuel et politique des deux derniers siècles. Un pareil état de choses peut sembler satisfaisant ou indifférent aux esprits qui se qualifient de philosophiques, aux pontifes de la diplomatie ou de l'industrie, ou à ces réformateurs démocratiques qui ont habitué leurs adeptes à regarder chaque ruine comme un progrès; mais il ne peut qu'exciter la douleur et l'indignation de tout ce qu'il reste encore de catholiques en France et dans le monde. Ils n'ont pas toujours à s'expliquer sur l'origine primitive d'un pareil état; mais il leur importe toujours de reconnaître et de dénoncer les causes qui le font durer.

Or, le raisonnement et l'expérience démontrent à l'envi que la raison principale et permanente de l'irréligion publique en France, se trouve dans l'éducation actuelle de la jeunesse, telle que l'État en a constitué le monopole. L'ensemble des institutions d'instruction publique, qui forme l'Université de France, et au dehors duquel un despotisme usurpé ne laisse rien surgir, voilà le foyer où se forme et s'entretient cet esprit public qui en fait de religion n'est rien et ne croit à rien. Voilà la source où les générations successives vont boire le poison qui dessèche jusque dans ses racines la disposition naturelle de l'homme à servir Dieu et à l'adorer.

Là s'établit entre les maîtres et les élèves cette intelligence, le plus souvent tacite, mais parfois avouée, qui relègue au rang des préjugés et des conventions sociales toutes les vérités de la révélation. Là s'enseigne, non-seulement dans la chaire, mais dans toutes les habitudes et dans tous les détails de la vie, l'art de mépriser philosophiquement le joug de la loi du Seigneur. Là s'élabore l'idée si répandue parmi nous, que pour être ce qu'on appelle dans le jargon du jour un *homme sérieux*, un *homme pratique*, il faut n'être astreint aux observances d'aucun culte. Là se développe cette maladie étrange et monstrueuse de l'esprit qui consiste à adopter comme vraies dans le passé, et pour un temps seulement, les solutions éternelles de la révélation chrétienne, à transformer des obligations de conscience en événements purement historiques, et à admettre comme un bienfait social le Christianisme, dont on retranche la divinité du Christ; comme si le Christianisme ainsi mutilé, loin d'être un bienfait, ne devenait pas la déception la plus scandaleuse et la plus prolongée qui ait jamais été imposée à l'homme.

Je ne parle ici que des erreurs les plus habituelles et les plus inoffensives ; je me tais sur les sacriléges, sur les dérisions, sur les habitudes immondes, sur cette froide et précoce corruption qui déprave l'esprit avant même que les sens n'aient révélé leurs impérieux instincts ; je me tais sur tant d'odieux outrages déversés par l'enfance sur tout ce que l'humanité a jusqu'à présent le plus révéré. Nous ne le savons que trop bien, nous tous, chrétiens, qui avons eu le malheur de passer par les mains de l'Université, et le bonheur d'en sortir sans y laisser notre foi.

Tout cela, je le répète, comme l'état religieux et moral de la France qui en résulte, peut être profondément indifférent ou même agréable aux philosophes, aux politiques, aux gens soi-disant éclairés, aux incrédules de toutes les nuances ; mais aux yeux de tous les catholiques conséquents et simples, de tous ceux qui ont appris dans leur catéchisme, d'où ils viennent, où ils vont, et ce que coûte une âme rachetée par le sang d'un Dieu, sous un pareil système l'oppression et l'hypocrisie sont égales et au comble.

Comme l'a dit avec une parfaite justesse l'éloquent et courageux évêque de Chartres : « Il est « incroyable qu'après les preuves actuelles, fla- « grantes, incomparables par leur force et leur « évidence, de l'esprit antichrétien et anticatho- « lique que l'Université communique à ses élèves,

« on force des millions de parents catholiques à con-
« duire eux-mêmes leurs enfants à cette source où
« ils s'abreuveront de doctrines directement contrai-
« res à la foi. Je ne crains point de le dire : cette
« épreuve, quoique exempte de violences exté-
« rieures et de persécution déclarée, est la plus
« terrible et la plus dangereuse à laquelle aient été
« jamais soumis les membres de la vraie Église[1]. »

Il ne s'agit pas d'ailleurs ici de dénoncer ou de démontrer le mal : les familles chrétiennes savent maintenant à quoi s'en tenir. Il s'agit seulement d'examiner en quelques mots la nature du remède et les moyens de l'appliquer.

IV

Vouloir refaire de la France un État catholique, telle qu'elle l'a été depuis Clovis jusqu'à Louis XIV, ce serait une tentative aujourd'hui impossible, et qui, nous ne le craignons que trop, ne se réalisera jamais ; mais conserver ce qui reste de catholicisme en France, et fortifier par tous les moyens légitimes l'empire purement moral de la Religion sur les individus et sur les familles qui la professent encore ; défendre les foyers qui n'ont pas encore été atteints contre l'envahissement de la conta-

[1] Lettre publique du 22 mai 1845.

gion, c'est un devoir impérieux pour les catholiques, ET ILS NE PEUVENT L'ACCOMPLIR QU'EN OBTENANT LA DESTRUCTION DU MONOPOLE DE L'UNIVERSITÉ.

Faut-il, au risque de revenir sur une distinction tant de fois rebattue, rappeler qu'il s'agit pour nous de la destruction du monopole, et non de la destruction de l'Université elle-même? Oui, il le faut, car sur ce point la mauvaise foi de nos adversaires est loin d'être corrigée. Ce n'est pas à coup sûr que l'existence de l'Université sans monopole puisse nous inspirer une sympathie ou une confiance quelconque. Fût-elle même sous la haute direction d'une pensée catholique, il faudrait être bien aveugle pour en espérer le salut du pays. Le gouvernement des Bourbons a témérairement essayé d'imprimer à l'Université cette tendance; et ce fut peut-être la plus éclatante et la plus funeste de ses défaites. Le gouvernement de Juillet y échouerait également, si cette pensée pouvait lui venir : il lui serait possible assurément de rendre le mal moins flagrant et moins dévastateur; mais transformer le mal en bien, c'est un miracle qu'il n'est pas donné aux hommes de notre temps d'accomplir. Toutefois, cette institution, quelque funeste qu'elle soit, a été adoptée par l'État, et maintenue par lui à travers les changements de dynastie et les révolutions. Cela constitue en faveur de l'Université non-seulement un fait, mais une espèce de droit. L'État a la faculté, légalement et politiquement du moins, de maintenir dans son sein une institution funeste, à la charge d'en supporter les conséquences, tout comme il a la faculté de se précipiter dans une guerre désastreuse, ou d'introduire le déficit comme base de son système financier. Mais l'État n'a pas le droit, sous peine de violer la constitution qui est la condition même de son existence, d'imposer à tous les citoyens un système d'éducation qui compromet le maintien de la croyance religieuse au sein de leurs familles. De ce que l'État n'a point de religion, il n'en résulte point pour lui la faculté d'empêcher les citoyens d'en avoir. Bien loin de là, la Charte non-seulement promet la liberté d'enseignement, mais elle garantit solennellement la liberté religieuse : cette liberté en ce qui touche à une religion positive comme le catholicisme, n'est plus qu'une dérision, si en vertu d'une série de dispositions extralégales, rendues en l'absence de toute représentation nationale, le pouvoir exécutif se trouve investi du droit exclusif de façonner les croyances et les mœurs de l'enfance, au profit soit d'une religion particulière, soit, comme il arrive dans l'espèce, au profit d'un rationalisme purement négatif. Qu'il ouvre des écoles sans religion à cette portion si considérable du peuple français, pour qui la religion n'est qu'une fiction, cela est dans son droit jusqu'à un certain point ; mais qu'il s'arroge l'atroce pouvoir d'y parquer les enfants de ceux qui regardent la foi catholique comme la base unique et souveraine de toute vérité, à moins qu'ils n'aient le moyen d'entretenir des précepteurs, ou la volonté de consacrer leurs enfants au sacerdoce; voilà l'usurpation, voilà l'attentat, voilà la persécution qu'on a si justement comparée au système qu'avait essayé contre l'Église naissante l'apostat Julien.

Que l'État garde donc son Université, si bon lui semble, mais qu'il nous laisse, ainsi que la Charte l'y oblige, la liberté d'en rester dehors, sans être frappés d'incapacité et d'ilotisme.

V

C'est là notre volonté et notre droit. Pourquoi, fondés comme nous le sommes, non-seulement sur l'éternelle justice, sur les droits inviolables de l'Église, mais encore sur l'esprit et la lettre de la Charte constitutionnelle de 1830, pourquoi n'avons-nous pas encore obtenu cette liberté?

Je le dirai sans détour, autorisé peut-être par douze années de combats, d'efforts publics et persévérants pour cette sainte cause: la faute en est aux catholiques eux-mêmes, à la mollesse et à l'indifférence des pères chrétiens.

J'ajouterai même, autorisé encore, ce me semble, par la conduite généreuse des archevêques de Paris, de Lyon et de Toulouse, des évêques de Chartres et de Belley, et de leurs vénérables émules, la faute en est au reste de l'épiscopat, qui n'a pas assez publiquement, assez sérieusement, assez universellement dénoncé à l'indignation et à la sollicitude des familles chrétiennes cette épreuve, qu'un évêque a déclarée *la plus terrible et la plus dangereuse à laquelle aient jamais été soumis les membres de la vraie Église!*

Si vous l'aviez voulu, évêques de France, et vous pères de famille catholiques, il y a longtemps déjà que nous serions libres; et le jour où vous le voudrez sérieusement et énergiquement, nous le serons.

VI

Mais, avant tout, il faut dissiper les sophismes et les illusions qui nous abusent et nous endorment.

On nous dit que tout n'est pas si mauvais dans l'Université; on cite des professeurs, des chefs, des maisons entières qui font exception à la règle. Eh! qui ne les connaît, ces exceptions, et qui ne les admire d'autant plus que la position des hommes dont je parle est plus délicate et les services qu'ils rendent plus méritoires? Mais aussi qui ne sait que ce sont des exceptions aussi rares qu'éclatantes? Sur dix maîtres formés et employés par l'Université, y en a-t-il deux qui croient à la religion? y en a-t-il un qui la pratique? Sur toute cette masse d'enfants qui peuplent les colléges royaux de Paris, d'après le jugement unanime de leurs aumôniers, en saurait-on compter plus d'*un seul* par année et par collége qui ait conservé la foi jusqu'à la fin de ses études [1] ? Oui, certes, il y a au sein de l'Université, depuis le Collége de France et la Sorbonne jusque parmi les régents des colléges communaux, il y a un petit nombre de cœurs droits et honnêtes, d'hommes qui ont plus que du talent, qui ont de la foi, et qui, comme M. Lenormant et M. Ozanam, protestent par la franchise de leur christianisme et la solidité de leur science contre les scandales de l'enseignement de leurs collègues. Mais ces hommes forment-ils la majorité dans les établissements universitaires? Non. Sont-ils d'accord avec leurs collègues? Non. Est-ce à eux que l'Université confie la direction de ses conseils, le choix de ses méthodes, l'éducation de ses maîtres? Non, encore. Est-ce leur esprit qui se reflète dans celui de la jeunesse qu'elle déverse chaque année au sein de la société? Non, mille fois non.

VII

D'autres prennent un ton plus fier et nous disent que l'Université c'est l'État enseignant, et qu'oser

[1] Rapport des Aumôniers des colléges royaux de Paris à M. l'Archevêque de Paris, en 1829, à une époque où le gouvernement faisait tous ses efforts pour introduire un esprit religieux dans l'Université.

combattre l'Université, c'est se constituer l'ennemi de l'État. Ils vont même jusqu'à dire que le monopole de l'enseignement appartient de droit à l'État, comme celui de la force judiciaire ou de la force militaire. L'Université, cette innovation du despotisme moderne, se trouve ainsi assimilée à la magistrature et à l'armée, ces deux fondements perpétuels de toute société civilisée; et, s'il fallait en croire ces nouveaux docteurs, il serait aussi téméraire et aussi anti-social d'ouvrir une maison d'éducation en dehors des méthodes de l'État, que de lever un régiment sous d'autres couleurs que le drapeau national, ou de constituer un tribunal de sa propre autorité. On conçoit quel serait l'avenir réservé à la liberté de la presse, à la liberté de conscience, à tous les droits de l'intelligence et de l'âme, si un aussi monstrueux système pouvait prévaloir jamais dans notre pays. Qu'il ait seulement été avancé et sérieusement affirmé, en voilà assez pour montrer quel est le genre de progrès auquel aboutissent en dernier ressort ces réformes, ces prétendues conquêtes de l'intelligence et de la liberté, qui ont commencé partout par affranchir les hommes de la sainte et maternelle autorité de l'Église, pour les courber ensuite sous les caprices despotiques d'un égoïsme éphémère.

Remarquons, en passant, par quelle bizarre et vengeresse contradiction ces apôtres du progrès, après avoir fondé la législation et la société nouvelle sur le triomphe jaloux de l'individualisme, sur l'exclusion de tout principe d'association et de corporation, se trouvent subitement amenés à identifier l'État avec la corporation la plus puissante, la plus envieuse, et la plus ambitieuse qu'on ait encore vue dans notre pays. Ils ne s'aperçoivent pas qu'il y a là quelque chose d'inoui, quelque chose que la civilisation antique n'a pas connu, que Rome païenne, si jalouse d'absorber l'individu dans la cité, n'a jamais tenté, quelque chose dont l'Europe entière, dans le présent ni dans le passé, n'offre pas un second exemple : car même sous les gouvernements les plus despotiques, il y a des Universités surveillées par l'État; mais nulle part elles ne sont l'État même; nulle part l'État ne s'est fait directement maître d'école.

Mais nous n'avons point à approfondir cette doctrine et ses conséquences comme catholiques, parce que, encore une fois, les catholiques ne dirigent pas les destinées de l'État, et très probablement ne les dirigeront jamais de notre temps. Voici seulement ce que nous avons à dire sur ce point. S'il plaît à l'État de s'identifier avec l'Université, d'adopter pour siennes la haine, l'envie, la cupidité pécuniaire qui enflamme contre nous les membres influents de ce grand corps, tant pis pour l'État, car il aura livré ses destinées à l'anarchie intellectuelle et morale. Le jour où il sera bien constaté que l'État reconnaît pour ses pontifes et ses organes ces risibles docteurs qui se posent au Collége de France en successeurs d'Abailard et de Ramus, ce jour-là, ce n'est pas nous qui serons devenus ennemis de l'État, mais bien l'État qui se sera posé en ennemi direct de l'Église. Ce jour-là, il aura élevé une barrière insurmontable entre le catholicisme et lui ; il aura achevé de détacher de lui toutes les âmes élevées et indépendantes qui pouvaient le servir ; il aura commencé une lutte qui a toujours été l'infaillible avant-coureur de la ruine et de la confusion de ceux qui l'ont entamée.

VIII

Mais on va plus loin encore ; et, sans parler de ces apôtres de la tolérance et de la liberté, tels que l'Université sait les former [1], qui demandent tout simplement qu'on établisse par la loi une incompatibilité radicale entre les fonctions du sacerdoce et celles de l'enseignement, nous rencontrons sur notre chemin de profonds politiques qui affirment que l'enseignement est une chose séculière, qui se moquent agréablement des catholiques, quand ceux-ci veulent conclure des paroles de Notre-Seigneur à ses disciples : *Euntes docete omnes gentes* ; qu'il y a pour le sacerdoce chrétien un droit et même un de-

[1] Revue de l'Instruction publique.

voir imprescriptible à intervenir dans l'éducation. Ils veulent bien ne pas inventer pour les prêtres catholiques quelque entrave spéciale, mais ils repousseront avec persévérance et en principe la liberté, parce qu'ils prévoient qu'elle profitera surtout au clergé. Selon eux, l'Église est dans l'État pour les choses *temporelles*, et l'instruction publique étant une chose temporelle, il faut à tout prix empêcher l'Église d'y intervenir d'une façon indépendante de l'État, ou d'y exercer une influence considérable. Ces esprits, à la fois si orgueilleux et si aveugles, ne craignent pas d'avancer cette doctrine en présence du témoignage unanime des peuples chrétiens, qui ont de tout temps reconnu l'éducation comme une portion pratique de la religion, et comme un droit inhérent au sacerdoce.

De nos jours, et autour de nous, tous les peuples libres, plus libres que la France, rendent hommage par le fait à l'imprescriptible vérité de ce principe. Personne ne niera que la constitution de la Belgique et celle des États-Unis ne soient plus libérales encore que celle de la France ; or, en Belgique, grâce à l'application sincère de la constitution, l'éducation des enfants de la majorité est dirigée par les ministres du culte de cette majorité. Et dans l'Amérique du Nord, la grande diversité des religions n'a servi qu'à proclamer d'une façon plus incontestable encore le triomphe de cette loi sociale, puisqu'au dire de l'observateur le plus profond et le plus impartial que ce pays ait eu, la plus grande partie de l'éducation y est confiée au clergé [1].

Quant à l'Angleterre, qui pourrait comparer, sous le rapport de la liberté, le pays où on a pu impunément et tous les jours, pendant une année, comme M. O'Connell, rassembler, haranguer et discipliner dans le sens le plus hostile au pouvoir cent mille citoyens, avec le nôtre, où un député ne peut pas seulement rendre ses comptes à ses commettants, sans que la police n'intervienne et n'empêche, comme on l'a vu naguère à Toulouse. Eh bien! dans ce pays, à la fois si puissant et si libre, l'enseignement public est exclusivement dirigé par le clergé. Les deux universités d'Oxford et de Cambridge, les grandes écoles publiques d'Eton, Harrow, etc., d'où sont sortis ces grands orateurs, ces écrivains, ces hommes d'état, que M. Villemain se plaisait autrefois à nous faire connaître, dans ses cours de la Sorbonne; toutes ces institutions, dont l'antiquité, la renommée et la popularité sont sans rivales en Europe, relèvent exclusivement de l'Église établie [2]! ce qui d'ailleurs n'empêche pas l'existence d'innombrables écoles dirigées par le clergé

[1] M. de Tocqueville, *de la Démocratie en Amérique*, t. II, p. 230.

[2] Il y a, surtout à Cambridge, un certain nombre de chaires occupées par des laïques; mais dans les deux Universités comme dans les colléges de Winchester, Eton, Westminster, Harrow et Rugby, où sont élevés tous les enfants des classes supérieures, *tous les chefs* et la plus grande partie des maîtres sont ecclésiastiques.

catholique et dissident, et entr'autres de plusieurs colléges de jésuites. Mais qu'importent à nos docteurs modernes des exemples si universels et si éclatants? En s'affranchissant de l'autorité infaillible de l'Église, ils ont acquis le don de se persuader qu'eux seuls possèdent la vérité; et qu'en dehors de leurs pensées il n'y a qu'erreur et ténèbres.

Si en Prusse et dans les autres royaumes européens, l'État a graduellement remplacé le clergé comme puissance directrice de l'éducation publique, la différence radicale qui existe entre la forme de ces gouvernements despotiques et le nôtre, semblerait devoir suffire pour interdire l'imitation de leur système d'enseignement dans un pays dont la constitution est basée sur la liberté. Mais en outre tous ces États, qui reconnaissent tous une ou plusieurs religions nationales, ont assigné aux ministres de ces religions une influence, sinon complétement indépendante, du moins prédominante et obligatoire dans leur organisation [1]. On peut affirmer qu'il n'existe pas et qu'il n'a jamais existé dans le monde un système d'enseignement public livré exclusivement à un corps laïque et séculier comme

[1] C'est ce qu'a parfaitement démontré M. Cousin lui-même dans ses rapports officiels sur l'enseignement en Prusse, en Hollande, etc. Voir aussi un excellent travail sur le caractère religieux de l'instruction primaire en Prusse, comparée à celle qui se donne en France, par M. Aurélien de Courson, dans la Revue de l'Armorique, n° 4, p. 214.

'Université de France. Quels sont d'ailleurs, même avec cette intervention puissante et obligatoire de l'élément religieux, quels sont les résultats de ce système moderne et absolutiste de la direction de l'enseignement par l'État? En Allemagne, ils ne sont rien moins que satisfaisants, et des juges désintéressés n'hésitent pas à reconnaître que dans cette ancienne patrie de l'érudition et de la philosophie, une génération de médiocrités incontestables a remplacé ces grandes constellations intellectuelles qui brillaient à la fin du dernier siècle et au commencement du nôtre [1].

Il ne serait pas difficile, je pense, de constater les mêmes résultats quant à la France, et de démontrer l'infériorité des générations formées par l'Université, comparée à celle des Chateaubriand et des Cuvier. Depuis les statistiques de la justice criminelle jusqu'aux feuilletons de nos journaux les plus répandus, tout démontre suffisamment que ni la moralité publique, ni la dignité des lettres n'ont gagné à la propagation moderne de l'instruction telle que l'État la débite parmi nous. On peut hardiment conclure que le mal ne fera qu'augmenter sous l'influence d'un système qui a cru pouvoir

[1] Nous engageons vivement toutes les personnes qui veulent se faire une idée exacte des résultats réels de l'instruction publique en Prusse, à consulter l'ouvrage remarquable de M. Laing, voyageur anglais, protestant et démocrate, intitulé : *Notes of a traveller on the social and political state of France, Prussia, etc.*

suppléer à l'unité des croyances par l'uniformité des méthodes, et qui affaissera peu à peu le génie autrefois si fécond et si brillant de la France sous le joug de la médiocrité intellectuelle et d'une moralité négative.

On a déjà vu le chef actuel du monopole universitaire, mu sans doute par le désir de stimuler la générosité des contribuables, avouer dans son récent rapport au roi sur l'instruction secondaire, que la France moderne, malgré les ressources du budget et les exactions de la rétribution universitaire, offrait à la jeunesse avide de s'instruire beaucoup moins de ressources que ne lui en avait assurées sous l'ancien régime la munificence durable du clergé, de la noblesse et des corporations municipales. Qui sait si on ne verra pas un jour quelque successeur de M. Villemain reconnaître par un nouveau cri de détresse que le système moderne le cède autant à l'ancien sous le rapport de la qualité que sous celui de la quantité, que le soi-disant gouvernement des *capacités* a introduit peu à peu le règne de l'incapacité, et que sous l'égide de l'enseignement officiel, le niveau intellectuel de la France a baissé? C'est là du reste l'affaire des hommes à qui la France a permis de disposer de ses destinées. La nôtre, comme catholiques, est d'empêcher l'abaissement parallèle du niveau moral au sein de nos propres familles. Nous ne sommes pour rien dans l'invention de ce système désastreux, nous n'en avons été que les victimes, et jamais les complices. Soyons au moins les premiers à le dénoncer et à nous en affranchir.

IX

Il faut bien l'admettre du reste, l'Université et ses défenseurs en repoussant le sacerdoce catholique de l'enseignement, sont d'accord avec la marche continue de cet odieux despotisme qui se déguise partout sous le nom d'esprit moderne ou de progrès social, et qui consiste à absorber dans l'unité factice de l'Etat toute la sève et toute la force de la vie sociale. On a commencé par détendre et briser tous les ressorts qui imprimaient à l'homme une impulsion permanente vers un monde meilleur, vers une vie plus haute, et qui lui servaient en même temps d'inviolable sauvegarde contre toutes les tyrannies. On a détruit peu à peu toutes les institutions qui témoignaient de l'originalité et de la féconde variété de sa nature : on a proscrit toutes les formes, toutes les traditions qui caressaient son imagination en peuplant sa mémoire. Il s'agit maintenant d'enchaîner son intelligence et son activité et de les sceller pour jamais au sein de cette grande machine qu'on appelle l'Etat, qui se chargera d'agir, de penser, de combattre, de choisir et de croire pour lui, qui régira son esprit comme elle régit déjà son industrie et sa propriété, qui élèvera ses enfants comme elle partagé sa succession, et qui deviendra ainsi l'unique agent et le seul arbitre d'une nation moralement anéantie. L'Université ne représente pas seulement l'orgueil du rationalisme et l'anarchie intellectuelle où conduit l'incrédulité : elle représente surtout et elle sert merveilleusement cette tendance de l'Etat à tout ployer sous l'implacable niveau d'une stérile uniformité. C'est par elle que ce nouveau despotisme, qui menace le monde, tend à se substituer à l'Église et à la famille, ces deux foyers sacrés de la liberté morale du genre humain. Elle est l'instrument docile et efficace de cette coupable ambition des pouvoirs publics de nos jours, qui leur fait mettre la main sur tout ce qui était autrefois à l'abri de leur atteinte. Car, remarquons-le encore, par une contradiction aussi étrange que révoltante, plus leur durée est éphémère, plus ils sont dépouillés de tout ascendant moral sur les peuples, et plus ils aspirent à s'ériger en pontifes et en docteurs. C'est le moment où ils renoncent pour eux-mêmes à la profession d'une croyance quelconque, qu'ils choisissent pour réglementer et administrer chez les peuples le domaine de la conscience et de la foi, où leurs prédécesseurs n'avaient jamais osé s'aventurer qu'au nom et pour le compte d'une religion positive. Leur origine, leurs révolutions, leur constitution et leurs conditions mêmes d'existence leur interdisent jusqu'à ces fictions qui autrefois entouraient l'autorité d'un prestige salutaire; et les voilà qui se posent en interprètes et en modérateurs de l'éternelle vérité pour pénétrer jusque dans le sanctuaire de la famille et pour prétendre que les générations futures doivent être *moulées à leur effigie!* Quelles que soient les appréhensions ou l'insouciance des philosophes et des politiques étrangers à la loi de l'Église, au sujet des progrès de ce nouveau despotisme, les catholiques peuvent-ils laisser avec indifférence se consommer l'œuvre fatale de cette sécularisation universelle? Peuvent-ils se résigner froidement à voir détacher ainsi pièce à pièce de la vérité religieuse tous les éléments de la société qui avait été sauvée et régénérée par l'incarnation du Fils de Dieu?

Naguère la politique, la jurisprudence, la science, toutes les branches de l'art reconnaissaient la suprématie de l'Église et faisaient dériver d'elle leur fécondité et leur sanction. Toutes ces nobles vassales de l'Église ont été successivement arrachées à sa tutélaire influence. Déjà l'aumône, cette création exclusive du catholicisme, *cette invention de la vanité sacerdotale,* comme disait Barère [1], est entravée et poursuivie jusque dans ses asiles les plus sacrés et les plus purs, dans les hôpitaux qu'administrent les

[1] Exposé des motifs de la loi sur les secours publics, mars 1793, et juin 1794.

sœurs de charité, par cette bureaucratie insatiable qui ne connaît d'autre idéal que l'uniformité et qui voudrait substituer partout la bienfaisance officielle surveillée par un comptable, à la charité pratiquée par des chrétiens.

Voici maintenant le tour de l'éducation, du libre exercice de la puissance paternelle, que l'État, sous la figure de l'Université, vient dérober à l'Eglise et confisquer à son profit. L'épiscopat et le clergé français peuvent-ils ne pas résister à cette dernière usurpation, qui envahit directement le domaine de la conscience et qui sacrifie à l'idole politique la portion la plus délicate, et jusqu'à nos jours la plus respectée du troupeau chrétien? Peuvent-ils abandonner un droit à la fois inhérent à leur constitution divine et garanti par l'esprit et la lettre de la loi fondamentale du pays? Plaise au ciel qu'une pareille faiblesse ne puisse jamais leur être reprochée; car du moment où l'Église reconnaîtrait qu'elle a perdu ce droit, elle aura rendu les armes à l'esprit moderne, elle aura subi une défaite non moins funeste pour le salut et le bonheur de l'humanité que celle où le despotisme des souverains, l'astuce des légistes et l'ingrat orgueil des savants lui ont dérobé la noble fonction de juge entre les peuples et les rois.

X

Mais, vous disent les chefs du monopole, l'Université ne repousse pas le concours du clergé; tout au contraire, elle le recherche et le facilite partout où elle le peut. Je le crois bien en vérité! Prêtres de Jésus-Christ, l'Université sachant bien qu'elle ne peut d'un seul coup anéantir votre influence et se substituer partout à vous, ne demande pas mieux que de vous prendre à son service, et de vous donner sa livrée: c'est d'elle que vous tiendrez vos gages et votre passeport auprès des générations nouvelles. Elle vous demande votre concours, dit-elle: mais à quelles conditions? Sont-ce vos conseils qu'elle suivra? est-ce votre esprit qu'elle inoculera, votre symbole qu'elle imposera? Et ne sont-ce pas là les seules conditions possibles du concours d'un prêtre? Tout au contraire, c'est elle qui vous imposera ses méthodes, qui vous prescrira ses systèmes, et qui surveillera votre langage; elle qui ne compte pas un seul ecclésiastique parmi ses chefs, et qui est gouvernée par des hommes dont la croyance est souvent un mythe plus impénétrable encore que leur doctrine[1].

[1] Je me suis souvent demandé, quand j'étais élève de l'Université, comme depuis que j'en suis sorti, ce que l'aumônier de n'importe quel collége royal de Paris pourrait répondre à l'élève qui lui

Ici, encore, l'Université est parfaitement d'accord avec cette foule d'hommes d'État, de moralistes et de littérateurs que nous rencontrons à chaque pas sur notre chemin, et qui rêvent pour l'Église une sorte de servitude dorée et tranquille. On satisferait ainsi à la fois, et aux traditions du jansénisme parlementaire et du despotisme impérial, et aux illusions de cette aristocratie philosophique qui cherche à se constituer parmi nous, avec la mission de *tendre doucement la main au genre humain, et de l'aider à s'élever plus haut encore que le christianisme* [1]. Ah! nous les connaissons bien, ces grands esprits, pour qui l'Église n'est qu'une sorte d'administration des pompes funèbres, à qui l'on commande des prières pour le convoi des princes, ou même des chants pour leurs victoires; mais que l'on congédie poliment dès qu'elle s'avise de manifester ses vœux et ses droits. Nous les connaissons, ces tacticiens de cabinet, qui ne demanderaient pas mieux que de transformer le clergé en gendarmerie morale, sage et docile instrument d'une police spéciale, à l'usage de certains esprits prévenus, de certaines populations peu éclairées.

dirait : « Mais, M. l'Abbé, pourquoi voulez-vous nous faire croire à « des choses que n'admettent aucun de nos professeurs? »

[1] La philosophie est patiente..., elle est pleine de confiance dans l'avenir, heureuse de voir les masses, le peuple, c'est-à-dire le genre humain tout entier entre les bras du christianisme, elle se contente de lui tendre doucement la main et de l'aider à s'élever plus haut encore. M. Cousin, Cours d'Histoire de la Philosophie.

Nous les connaissons encore, ces organisateurs nouveaux, qui veulent bien reconnaître à l'antique religion de la France le droit d'exister, à la condition d'être réglée, soumise, respectueuse et facile; espèce de femme de ménage qu'on ne consulte sur rien, mais qui a son utilité pour certains détails essentiels de l'économie sociale. Nous les connaissons enfin, ces écrivains, ces orateurs plus ou moins discrets, qui, parce qu'ils ont, dans un cours ou une revue, rendu en passant un obscur hommage à quelque grande vérité ou à quelques grands hommes de l'histoire catholique, se figurent que ce catholicisme littéraire doit courber l'Église sous le poids d'une reconnaissance éternelle envers eux; qui, parce qu'ils poussent la condescendance jusqu'à accompagner leur femme ou leurs enfants à la messe paroissiale, se croient investis du droit de dénoncer comme un attentat à la sûreté publique, le premier signe de vie ou de courage qui échappe aux catholiques, se posent à la tribune, à l'Académie, dans la presse, comme nos correcteurs officieux, et affectent de traiter nos plus vénérables évêques comme des écoliers en révolte, et l'Église de France comme une affranchie qui s'égare, ou une protégée qui s'émancipe.

C'est parce que nous connaissons ces hommes et leurs systèmes, que nous n'acceptons pas leur orgueilleuse protection, et que nous ne redoutons pas leur inimitié. La position qu'ils voudraient faire à l'Église n'est qu'une sorte de domesticité que nous répudions avec toute l'énergie de notre amour pour elle. On a vu, il est vrai, à d'autres époques de notre histoire, comme on voit encore dans certains États catholiques, l'Église associée à un système politique, y perdre une portion de son énergie et de son indépendance naturelle. C'est une épreuve, à coup sûr, et l'une des plus difficiles qu'elle ait eue à endurer : mais alors, du moins, ceux qui l'entravaient ou la dirigeaient avec plus ou moins de sincérité, pratiquaient publiquement ses lois, et se glorifiaient d'être ses enfants dociles par la foi. Mais être aux ordres d'hommes qui lui sont étrangers ou hostiles, d'incrédules, d'indifférents ou de protestants que les chances des luttes parlementaires peuvent appeler au pouvoir, se mettre au service de quelques sophistes qui ne lui font plus l'honneur de la persécuter, parce qu'ils trouvent plus d'avantage à se servir d'elle : c'est là un métier qui peut convenir à quelqu'une de ces églises bâtardes, transfuges de l'unité et de la vérité ; mais qui serait le dernier degré de l'abaissement pour l'unique et pure épouse de Jésus-Christ.

L'Église catholique, il faut bien qu'on s'en souvienne, ne connaît pas ces transactions avec ceux qui l'ont reniée ou vaincue ici-bas. Elle se laisse proscrire, mais non pas exploiter. On peut confisquer ses biens, la dépouiller de ses droits, lui interdire, au nom de la loi, la liberté qu'on laisse à l'erreur et au mal. Mais nul ne saurait confisquer la sainte indépendance de sa doctrine, ni lui faire abdiquer un atome de sa toute-puissance spirituelle. Dépositaire de la seule vraie égalité, de la seule vraie liberté, elle n'acceptera jamais le partage des intelligences, dont on lui attribue comme la plèbe, en se réservant l'élite. Elle n'a pas été envoyée seulement, comme on le dit, pour consoler le malheur, la faiblesse et l'ignorance, mais bien pour prêcher la pénitence aux heureux, l'humilité aux forts, et la folie de la croix aux sages et aux savants. Elle ne dit pas aux hommes : Choisissez dans moi ce qui vous convient. Elle leur dit : Croyez, obéissez, ou passez-vous de moi. Elle n'est ni l'esclave, ni la cliente, ni l'auxiliaire de personne. Elle est reine ou elle n'est rien.

Et nous qui, au prix des plus pénibles sacrifices, au milieu des soupçons et des calomnies, et dans le seul intérêt de la justice et de la vérité, avons travaillé de notre mieux à détacher les liens qui semblaient naturellement identifier les droits et les intérêts du catholicisme en France avec un parti hostile au gouvernement nouveau ; nous qui voyons cette œuvre difficile approcher d'un succès plus prompt et plus complet que nul n'eût osé l'espérer il y a dix ans ; nous avons bien le droit de le dire, en écoutant le langage que tiennent les apologistes de l'Université et de l'État : ce n'est pas là ce que nous avons voulu.

Nous irons même plus loin, et nous dirons que si l'Église de France avait le malheur d'en être réduite à cette alternative, il vaudrait mieux pour son honneur, qu'elle fût restée liée au légitimisme que de subir la position qu'on lui offre, mais que, heureusement, elle n'acceptera jamais. Non, elle n'aura pas secoué le joug traditionnel d'une solidarité scellée par tant de splendeurs et tant de calamités qui lui ont été communes avec l'ancienne dynastie; elle n'aura pas résisté en face au glorieux despotisme de l'empire, pour aller ramasser, dans les bas-fonds de la politique actuelle, je ne sais quels ignobles liens préparés par les mains de ceux qui ne voient dans la religion qu'un instrument de gouvernement. Non, la France est encore trop généreuse pour que ce soit là le sort réservé à ses citoyens catholiques; il n'y a que des hypocrites qui pourraient nous y condamner, il n'y a que des lâches qui pourraient le subir.

XI

Nous sommes loin d'avoir épuisé la série des arguments qui établissent en général une opposition radicale entre les intérêts et les droits du catholicisme d'une part, et les prétentions de l'Université de l'autre. Mais il convient d'entrer dans l'examen des circonstances spéciales où se trouve en ce moment la question de la liberté d'enseignement, et de passer en revue les motifs de satisfaction et d'alarmes qui doivent dériver pour nous des discussions récentes.

Le premier et le plus décisif des avantages que nous avons obtenu a été d'avoir frappé l'attention en soulevant un vaste coin du voile sous lequel se dérobaient, aux yeux des observateurs superficiels ou insouciants, la véritable nature de l'enseignement universitaire et les véritables dispositions de ses organes. Il est peu de catholiques, je pense, qui aient pu conserver des illusions à ce sujet, après la publication si providentielle des fragments posthumes de M. Jouffroy; il en est peu qui soient restés sourds à l'avertissement contenu dans les paroles mémorables où cet infortuné, si vanté et si regretté par nos adversaires, a raconté quel avait été pour lui le résultat de la science qu'il enseignait au nom de l'État à la jeunesse française. « La divinité du christianisme une fois mise en doute à « mes yeux,... je sus alors qu'au fond de moi-« même il n'y avait rien qui fût debout, que tout ce « que j'avais cru sur moi-même, sur Dieu et sur « ma destinée en cette vie et en l'autre, je ne le « croyais plus... Puisque je rejetais l'autorité qui « me l'avait fait croire, je ne pouvais plus l'ad-« mettre[1]. » Elles resteront ces paroles, malgré les

[1] Pages 113 et 115 de l'édition posthume, avant les coupures faites par MM. Cousin et Damiron.

efforts que l'Université a faits pour les anéantir; elles resteront comme un témoignage irréfutable de la nature réelle de l'enseignement qu'on substitue à celui de l'Église, et qu'on prétend imposer par la ruse et la force aux générations futures.

L'effet de cette première et précieuse révélation a été complété par l'excellente discussion entamée contre l'Université par M. l'évêque de Chartres, avec un zèle et une franchise qu'on ne saurait assez admirer, tandis que les paroles énergiques qu'employaient M. le cardinal de Bonald et M. l'évêque de Belley, pour mettre en garde leurs fidèles contre *les chaires de pestilence*, trouvaient leur justification immédiate dans une foule de citations chaque jour renouvelées, et jusqu'à présent demeurées sans réplique.

Après ces révélations écrasantes sur les antécédents littéraires des membres les plus considérables de l'Université; après ce fameux rapport de son chef sur l'instruction secondaire, où la vérité est presque toujours déguisée quand elle n'est pas trahie; et où les droits de la liberté et de la religion sont si dédaigneusement passés sous silence; après l'odieuse tentative faite par l'organe le plus accrédité du gouvernement et de l'Université pour rendre l'enseignement de nos séminaires suspect des plus abominables turpitudes; enfin, après l'explosion simultanée des colères universitaires par la bouche de MM. Michelet [1], Pierquin de Gembloux [2], Libri [3] et Quinet [4], il faut être volontairement aveugle pour ne pas savoir à quoi s'en tenir

[1] Leçons au Collége de France, publiées depuis par lui-même. M. Michelet a été longtemps professeur d'histoire dans un collége de Paris, puis maître de conférences pendant huit ans à l'École normale, où il a formé l'*élite* des jeunes professeurs de l'Université actuelle. Il dit de lui-même, dans sa leçon du 26 mai (p. 75) : « On me connaissait dès lors par mes livres, et par mon enseignement de l'École normale, *enseignement que mes élèves répandaient sur tous les points de la France.*

[2] Discours contre les Jésuites, au Collége de Nevers. M. Pierquin est inspecteur de l'Académie de Bourges.

[3] *Revue des Deux Mondes*, du 1er mai et du 15 juin 1843. M. Libri est professeur à la Faculté des Sciences de Paris, et depuis ses deux manifestes contre le clergé et la doctrine catholique, il a été nommé professeur au Collége de France.

[4] Leçons du Collége de France, publiées par lui-même. M. Quinet a été professeur à la Faculté des Lettres de Lyon, avant d'être appelé au Collége de France, qui ne relève pas directement de l'Université. Il a, du reste, dans la susdite leçon, parfaitement posé la question qui nous occupe, en ces termes : « Quel est, selon l'esprit des institutions nouvelles, le droit de « discussion et d'examen dans l'enseignement public? En termes « plus précis encore, un homme qui enseigne ici *publiquement* « *au nom de l'État*, devant des hommes de croyances diffé- « rentes, est-il obligé de s'attacher à la lettre d'une communion « particulière, de porter dans toutes ses recherches cet esprit ex- « clusif, de ne rien laisser voir de ce qui pourrait l'en séparer « même un moment? » Et il répond comme de raison par la négative, ce qui l'autorise à annoncer à ses élèves un « *Evangile renou-* « *velé par les penseurs, les écrivains, les poëtes, les philosophes, un* « *Christ agrandi*, renouvelé, sorti comme une seconde fois du sé- « pulcre. » La logique de M. Quinet est sincère, et nous le croyons conséquent avec les bases actuelles de l'Université. Il a dit avec la franchise que comporte sa position ce qui est déguisé dans l'ensei-

sur l'esprit qui anime la majorité active du corps universitaire, et sur le degré de confiance que méritent les affirmations de M. Cousin et de M. Villemain, lorsqu'ils ont osé, l'un déclarer à la chambre des pairs[1] qu'il ne s'enseignait dans aucun des cours de philosophie du royaume une seule proposition directement ou indirectement contraire à la foi catholique, et l'autre, dire solennellement au roi[2] que l'enseignement universitaire était *irréprochable!*

XII

En dehors de l'Université et au sein du parlement, nous avons appris, dans le cours de cette dernière session, à connaître des opinions importantes, grâce aux discussions qui ont eu lieu sur les pétitions catholiques, grâce surtout à la proposition insuffisante, mais faite avec tant de cou-

gnement de l'ordre inférieur, et plus contrôlé que le sien. Il faut observer d'ailleurs que ni lui ni aucun des trois autres orateurs qui se sont constitués les défenseurs de l'Université, n'ont reçu la moindre marque d'improbation ou le moindre avertissement *public* de la part du Ministre qui, peu de jours auparavant, déclarait au roi que l'enseignement universitaire était *irréprochable.*

[1] Séance du 15 mai 1843.

[2] Réception du 1er mai 1843, discours prononcé à la tête du Conseil Royal.

rage et d'opportunité par M. de Carné. On y a vu que, sur cette grande question, si essentiellement sociale et morale, beaucoup d'esprits sincères et indépendants savaient s'affranchir des engagements ordinaires de leur position politique. Tandis que les vieux préjugés voltairiens, les vieux épouvantails du *parti-prêtre* et du jésuitisme, ont été exploités, comme on pouvait s'y attendre, par les orateurs de la vieille gauche, comme MM. Stourm et Lestiboudois, par ceux de la cour, comme M. Liadières, par la haine jalouse de certains légistes, comme MM. Chegaray et Philippe Dupin, on a vu les promesses de la Charte et les garanties que la religion demande à la liberté seule, généreusement réclamées par de hauts fonctionnaires, comme MM. de Golbéry, Baude et Janvier, et par des membres sincères et vraiment libéraux de l'opposition, comme MM. de Tracy, de Corcelles, Larabit, etc. Tous les orateurs du parti légitimiste ont plaidé pour la liberté. Dans cette dernière circonstance, nous ne saurions dissimuler qu'il n'y ait un motif d'embarras et un obstacle possible au succès prochain de notre cause. L'un des principaux arguments qu'emploient les défenseurs du monopole, et le plus populaire de tous au sein des masses ignorantes qu'ils égarent, est de représenter l'éducation religieuse comme un acheminement au retour de la dynastie qui a cessé de régner en 1830. Les hommes qui ne craignent pas d'attribuer l'opposition de M. de Tocqueville à un légitimisme déguisé [1], se croient plus beau jeu encore en voyant M. de Brézé et M. de La Rochejacquelein arborer, comme ils l'ont fait, le drapeau de la liberté d'enseignement. Mais qu'importe, après tout? Quelle est donc la cause au monde qui n'ait point été embarrassée par de semblables obstacles, et quel est l'embarras qu'on ne puisse vaincre par la franchise et le dévouement? Les légitimistes remplissent un devoir de conscience et d'honneur en revendiquant pour eux-mêmes, comme pour leurs antagonistes, le bienfait de la liberté; qu'ils y persévèrent sans crainte. Le temps et la conscience publique feront graduellement justice des clameurs intéressées qui voudraient inspirer des doutes sur leur sincérité. D'ailleurs, le jour approche, ce semble, où tous les légitimistes de bonne foi, tout ce qui dans ce parti s'élève au-dessus de la rancune et de l'intrigue, reconnaîtront que les intérêts catholiques leur offrent le seul terrain digne de leur courage, de leur activité et de leur dévouement à la commune patrie. Ce sera le jour d'une grande joie pour la religion, et d'une grande confusion pour ses adversaires.

[1] Voyez le *Journal des Débats*, après une des discussions de la dernière session.

XIII

La sagesse vulgaire nous le dit : Rien n'importe plus que de bien connaître ses amis et ses ennemis. Or, le chef naturel de nos ennemis est le chef actuel de l'Université : à deux reprises différentes, et pendant près de quatre années, il a gouverné ce grand corps; cela suffit et au-delà pour nous le faire connaître à fond. Nous pouvons donc arrêter notre jugement sur ce que nous avons à attendre de lui; chose d'autant plus utile que, pendant longtemps encore, il est probable que M. Villemain présidera au département de l'Instruction publique. Non-seulement les chances d'un changement de ministère semblent très-éloignées, mais, en supposant même que M. le maréchal Soult et M. Guizot dussent quitter le pouvoir, il ne faudrait pas en conclure que M. Villemain dût les suivre. Reconnaissons-le : M. Villemain s'est fait une position nouvelle et forte, dans le monde politique, à nos dépens, et par la violence habile de son langage au sujet de l'éducation religieuse. Qui ne se souvient de la façon dont cet orateur était décrié, bafoué par les journaux de la gauche dans les premiers temps de son ministère? Aujourd'hui, et depuis que le même M. Villemain a insulté les jésuites à l'Académie française, et *réprimé*, comme ils disent, les prétentions catholiques à la tribune des deux chambres, ce n'est plus, dans ces mêmes journaux, qu'un concert d'éloges et de compliments. On le distingue même soigneusement de ses collègues; ses moindres actes sont entourés de sympathie; ses moindres paroles recueillies avec une sollicitude touchante; tant il est vrai que pour tous ces prétendus libéraux, quelles que soient d'ailleurs leurs distinctions d'origine, de position ou même de patrie, l'inimitié contre les droits et les institutions de l'Église catholique établit toujours une alliance instinctive et intime. Si ses collègues voulaient aujourd'hui se débarrasser de lui, il deviendrait aussitôt l'idole d'une popularité redoutable; s'ils tombent, et qu'il ait envie de leur survivre, nul doute qu'il ne le puisse à son gré : l'extrême facilité avec laquelle il s'est associé à la même politique qu'il flétrissait si énergiquement sous la coalition, ne permet pas de craindre qu'il se laisse arrêter par les légères différences qui pourront exister entre le ministère actuel et celui qui le remplacera un jour. Je suis convaincu que, tant que le pouvoir ne voudra pas accorder franchement la liberté de l'enseignement (et il ne le voudra jamais à moins d'y être contraint), M. Villemain sera le chef et l'âme de la résistance. J'ajouterai, pour ma part, que j'en félicite sincèrement la cause de la liberté, parce qu'en présence d'un tel adversaire on ne songera plus, sans doute, à des transactions, ni à des concessions funestes, qui eussent trop sûrement compromis l'avenir de l'éducation religieuse en France. Sous un homme droit et religieux comme M. de Salvandy, sous M. Cousin lui-même, lequel, pendant son ministère, ne paraissait pas encore atteint de cette sorte de monomanie qui le porte à identifier sans cesse la cause de la philosophie et de la raison avec sa personne et son système; sous n'importe quel autre ministre plus conciliant et moins inféodé aux passions universitaires, on aurait été sans cesse tenté d'accepter, avec confiance, quelque demi-mesure qui n'eût servi qu'à empirer le mal. Les antécédents de M. Villemain, les dispositions justes et respectueuses envers l'Église manifestées dans plusieurs de ses écrits, surtout la haute indépendance que lui donnait envers l'Université l'éclat de sa position au sein même du corps enseignant, pouvaient, à coup sûr, faire supposer qu'il prendrait une attitude plus forte et plus généreuse que celle de ses prédécesseurs; et cette illusion n'a été plus chère à personne qu'à l'auteur de ces pages qui a si longtemps siégé à côté de lui sur les bancs de la faible minorité de la Chambre des Pairs. Malheureusement, c'est le contraire qui est arrivé: aucun ministre n'a adopté avec plus d'acharnement l'esprit égoïste et jaloux de ses subordonnés; aucun n'a sacrifié plus complétement les devoirs généraux et nationaux du ministre de l'Instruction publique aux intérêts exclusifs et personnels du grand-maître de l'Université.

Dans les premiers temps de son administration on a pu encore se bercer de quelques espérances; mais elles ont dû disparaître sans retour lors de la présentation du projet de loi de 1841, qui a si cruellement trompé l'attente des prélats distingués, dont on avait demandé l'avis et obtenu l'adhésion conditionnelle, en manifestant des dispositions démenties par le texte et l'esprit de ce projet. Depuis lors, les actes et les paroles de M. Villemain ont porté l'empreinte d'une hostilité avouée et systématique contre la liberté promise par la Charte et réclamée par la religion. Je le répète, cette inimitié patente est un grand bien; elle simplifie la situation; elle éloigne une solution insuffisante et dangereuse; on se serait peut-être laissé trop facilement entraîner à traiter avec la faiblesse bienveillante, avec cette politique mielleuse qui cache sa misère morale sous le voile des bonnes intentions, qui semble s'associer par ses phrases à vos vœux pour un meilleur avenir qu'elle prend à tâche d'ajourner indéfiniment par ses actes. Avec M. Villemain, du moins, on est à l'abri de ce danger; car, où est le catholique, où est le prêtre, où est l'évêque assez hardi pour se fier à la parole de l'homme qui a déclaré publiquement au roi que l'enseignement de l'Université était *irréprochable?*

Qu'on me pardonne la sincérité de mon langage! je ne parle pas ici à la tribune, je ne suis point astreint aux ménagements parlementaires, je ne n'adresse point à des hommes d'opinions et de croyances diverses, je ne m'adresse qu'à ceux qui sont mes frères par la foi aux mêmes mystères et le dévouement aux mêmes intérêts, et qui ont besoin de connaître la vérité, cette vérité tout entière qu'on met autant de soin à leur déguiser que j'en veux mettre à la leur dire.

XIV

Voyons maintenant à quoi se réduit ce qui a été tenté jusqu'à présent depuis la consécration du principe de la liberté d'enseignement dans la Charte? Un petit nombre de pairs et de députés ont réclamé au sein des chambres législatives la réalisation de ce principe : un petit nombre d'écrivains ont soutenu dans la presse, avec la plus louable persévérance, les droits de l'Église et de la société contre le monopole; un petit nombre de pétitionnaires ont demandé au parlement la restitution du libre exercice de la puissance paternelle; enfin, un nombre encore plus petit d'évêques ont dénoncé *publiquement* l'enseignement universitaire. Nous savons bien que la grande majorité des évêques ont adressé au ministère des plaintes énergiques et réitérées contre la direction de cet enseignement et contre le déni de justice qu'implique le maintien du monopole:

nous avons même vu des lettres et des mémoires émanés de plumes épiscopales qui eussent à coup sûr ébranlé l'opinion des plus indifférents, si la publicité ne leur eût pas manqué. Mais quel a été le résultat de ces démarches confidentielles? Aucun. Les ministres répondent d'une façon évasive, et tandis que leurs cartons sont remplis des plaintes de l'épiscopat, ils répliquent effrontément aux orateurs qui leur objectent ces doléances, qu'ils ne savent ce qu'on veut dire, et ils font vanter dans leurs journaux la sagesse et la prudence de la majorité des évêques français, par opposition à ceux d'entre ces prélats qui ont commis le crime de confier au pays tout entier le secret de leurs douleurs. Ces plaintes secrètes de l'épiscopat sont si complétement inutiles que depuis treize années il n'a pas été pris par le pouvoir universitaire une seule mesure propre à consoler ou à rassurer, même provisoirement, le clergé et les pères de famille chrétiens. Leurs démarches personnelles n'ont pas mieux réussi que leurs plaintes par correspondance. Que se passe-t-il en effet? Un évêque arrive à Paris le cœur chargé d'amertume et de tristesse par la connaissance qu'il a de l'état déplorable de la jeunesse dans son diocèse : il se rend au Château; il écoute un auguste interlocuteur qui de son côté écoute fort peu ou n'écoute point; il recueille les touchantes paroles d'une reine si grande par sa piété et par ses épreuves, mais dont le plus grand malheur assurément serait de voir sa piété servir de voile à l'indifférence ou à l'hostilité du pouvoir contre l'Église. Il descend ensuite vers le ministre, et là, comme plus haut, ne reçoit que des expressions vagues de sympathie et de confiance dans l'avenir, des promesses sans garantie et sans valeur ; on porte, lui dit-on, les intérêts de la religion dans son cœur ; on désire les servir de son mieux ; mais les difficultés sont grandes, les esprits sont échauffés ; il faut surtout se garder du zèle imprudent qui gâte tout ; les choses s'arrangeront ; le gouvernement est animé des meilleures intentions ; le bien se fera petit à petit ; le projet de loi sera présenté très-prochainement, pourvu toutefois que le ministère ne soit point gêné par les déclamations inopportunes *du parti religieux* ; sur quoi l'on accorde quelque faveur insignifiante et passagère. L'évêque s'en va en pensant peut-être qu'après tout ce ministre n'est pas si mauvais qu'on le dit : le ministre se félicite avec ses confidents de ce qu'après tout, avec de bonnes paroles, on peut venir à bout de la majorité *sage et prudente* de l'épiscopat [1] ; et pendant ces conversations, comme avant, comme après, le monopole s'étend et s'enracine de plus

[1] On sait que les affidés de l'Université affectent de distinguer entre les évêques anciens et nouveaux ; et de ce que les prélats qui ont le plus énergiquement dénoncé l'Université, comme M. l'évêque de Chartres, M. l'évêque de Belley et M. l'évêque de Châlons, ont été nommés avant 1830, ils concluent qu'il n'y a qu'à laisser mourir ce qu'ils appellent l'épiscopat de la Restauration, pour pouvoir compter sur l'amortissement de cette résistance redoutable,

en plus; les plus âpres dispositions de son code illégal sont appliquées avec une rigueur croissante, et la main cupide du despotisme universitaire s'étend jusque sur les maîtrises des cathédrales, où il est interdit à plus de douze enfants d'apprendre à la fois le latin et le chant ecclésiastique [1].

XV

Ce n'est pas ainsi, il faut le dire, qu'on affranchira les familles chrétiennes; ce n'est pas ainsi qu'on échappera au danger imminent qui nous menace. Ce danger ne consiste pas, comme on se le figure, dans l'ajournement plus ou moins prolongé du projet de loi sur l'instruction secondaire. *Il consiste bien plutôt dans la présentation prochaine et l'adoption immédiate d'une loi qui, sous prétexte de pourvoir aux promesses de la Charte, les interprétera de façon à resserrer tous les liens de la servitude actuelle, et à rendre permanent et irréparable un mal, qui, en droit, n'est aujourd'hui que provisoire.*

Nous aurons à la session prochaine une loi, à moins de quelque crise imprévue : mais cette loi, n'en doutons pas, ne sera que la reproduction des dispositions oppressives proposées par le gouvernement en 1836 et en 1841. L'Université qui a cru

[1] Lettre de M. Danjou, organiste de la métropole de Paris, dans *l'Univers* du 15 juillet 1843.

pendant un temps pouvoir prolonger indéfiniment le monopole absolu dans son état actuel, reconnaît que cette pensée est vaine; mais elle a hâte de faire consacrer par une loi définitive le maintien des attributions les plus essentielles de son pouvoir, avant que l'importance croissante des discussions extraparlementaires au sujet de ce pouvoir même ne vienne augmenter le nombre et l'énergie de ses adversaires. Nous aurons donc une loi, mais une loi qui consacrera les trois bases suivantes d'une tyrannie sans remède.

1° L'obligation pour tout chef d'institution ou de pension, non-seulement d'être revêtu d'un grade universitaire (ce qui constitue déjà une violation de la liberté), mais encore d'avoir été pourvu d'un diplôme *ad hoc* à la suite d'un examen passé par devant un jury presque exclusivement choisi par le chef de l'Université. (Art. 6 du projet de 1841.)

2° L'exercice d'une juridiction pénale par l'Université elle-même sur tous les établissements libres qui, ne dépendant pas d'elle, seraient nécessairement ses rivaux.

3° L'interdiction de tout enseignement par des ordres religieux.

Les deux premières de ces dispositions renversent l'idée même du droit commun, établissent la confusion de l'Université avec l'État, érigent cette corporation à la fois en juge et partie, instituent une prévention permanente contre la liberté, et confient la répression des écarts inséparables de cette liberté même à une juridiction exceptionnelle, exercée par le seul corps qui soit intéressé à l'anéantir.

La troisième, spécialement dirigée contre les Jésuites, et dont le gouvernement avait laissé en 1836 l'odieuse initiative à la gauche, sera très-probablement proposée à la prochaine session, par le même ministre, qui a donné le signal aux invectives récentes de ses subordonnés, en déclamant contre « cette société remuante et impérieuse que « l'esprit de gouvernement et l'esprit de liberté re« poussent avec une égale méfiance [1]. » Si elle est adoptée, le monopole sera de fait maintenu. Sans doute, en abolissant des exigences minutieuses qui rendent aujourd'hui son joug si intolérable, telles que l'autorisation préalable et arbitraire de toute maison d'éducation, l'obligation de conduire les élèves des pensions aux colléges universitaires, la nécessité des certificats d'études dans ces colléges avant d'être admis aux examens du baccalauréat; on aura rendu plus facile la création d'un petit nombre de maisons dirigées par des ecclésiastiques ou des laïques pieux, qui offriront des garanties convenables aux familles. Mais qu'on le sache bien,

[1] Discours de M. Villemain à l'Académie Française, le 30 juin 1841.

l'enseignement tel qu'il est, ne subira aucun changement très-notable. Le clergé séculier, tel qu'il est actuellement constitué en France, restreint en nombre, absorbé par les travaux du saint ministère, dépouillé de toutes les ressources qui naguère permettaient à l'élite de ses membres de consacrer leur jeunesse à l'étude, le clergé séculier ne saurait lutter, avec le succès que doivent vouloir les catholiques, contre l'organisation puissante de l'Université. Il fera quelque bien, il n'en fera pas assez pour guérir le mal qui nous consume. Partout d'ailleurs et toujours, chez les peuples catholiques, l'enseignement a été, non pas exclusivement, mais en premier lieu, l'apanage des ordres religieux. Partout d'ailleurs et toujours les restrictions imposées au clergé régulier, les proscriptions légales prononcées contre les moines, ont fini par retomber sur l'épiscopat et le sacerdoce tout entier. On ne citerait pas dans l'histoire un exemple du contraire, et l'expérience toute récente de l'Espagne démontre assez ce que gagne le clergé séculier à séparer sa cause de celle des moines.

Il faut donc le sentir, et il faut surtout avoir le courage de le dire, sans subterfuge et sans détour : l'éducation ne peut être solidement régénérée et épurée que par les congrégations religieuses. Il est juste d'assigner entre elles un rang élevé à ces Jésuites qui ont sauvé la foi dans la plupart des pays catholiques au seizième siècle, et qui depuis ont eu le magnifique privilége d'être dans tous les pays et à toutes les époques les premiers objets de la haine de tous les ennemis de l'Église. Il est juste et il est naturel que l'Église elle-même et que tous ses enfants dociles et dévoués, éclairés par cette démonstration si incontestable de leurs immortels mérites, les maintiennent en possession d'une confiance et d'un respect que la rage de leurs antagonistes ne peut qu'accroître. Arrière donc ces catholiques pusillanimes, s'il s'en trouve, qui s'associeraient lâchement, même par leur silence, aux invectives et aux calomnies de nos ennemis, contre des accusés qui n'ont pas besoin de se défendre, mais dont la gloire, les vertus et les malheurs font partie de notre apanage.

Si la liberté ouvrait à cette illustre compagnie les portes de la France, comme elle lui a ouvert celles de l'Angleterre, de la Belgique et de l'Amérique, à l'abri désormais des dangers que lui ont fait courir une alliance trop intime avec les monarchies absolues dont elle a été si cruellement la victime, stimulée par la concurrence et pénétrée par l'esprit généreux de notre pays, on ne peut douter qu'elle ne mît bientôt ses méthodes anciennes et éprouvées au niveau de tous les besoins de la science moderne, et que dans les divers degrés de l'enseignement ses membres n'obtinssent des succès analogues à ces prodiges d'éloquence qui, du haut de la chaire chrétienne, ont été éveiller les jalouses fureurs des prédicateurs du Collége de France.

Aussi la loi qui, sous prétexte de pourvoir à l'instruction secondaire, consacrerait l'exclusion de cet ordre du sein d'un pays catholique, ne serait qu'une sanction imprimée à la tyrannie de l'incrédulité. Tant qu'elle serait maintenue, on verrait toujours, comme aujourd'hui, un millier d'enfants sortis des plus honnêtes familles de France, aller chercher au delà de nos frontières, à Fribourg, à Brugelette, le pain de la science, et dénoncer ainsi au ciel et à la terre les dérisions de notre prétendue liberté, et l'envieuse impuissance de notre prétendue philosophie.

XVI

Entre le projet de loi futur et celui de 1841, il n'y a qu'une différence importante à prévoir. Les protestations de la majorité de l'épiscopat au sujet des petits séminaires qu'embrassait le premier projet de M. Villemain, ces protestations dont l'effet a été si grand *parce qu'elles ont été publiques*, seront exaucées de la façon que je vais dire. Après avoir inséré dans la nouvelle loi les dispositions des ordonnances de 1828, destinées à interdire l'accès de ces établissements ecclésiastiques à la jeunesse laïque, on les exceptera quant à l'administration intérieure et à l'exemption de la rétribution universitaire, de l'action de la loi, pour les laisser, comme aujourd'hui, sous le régime des ordonnances; on ne manquera pas, en même temps, de bien constater que l'épiscopat demande à être hors du droit commun, et on représentera comme un privilége et une faveur accordée au clergé, un état de choses qui ne sera que l'accomplissement des desseins les plus chers à l'Université. Le piége qu'elle a tendu à l'épiscopat et aux catholiques dans le projet de 1841 aura complétement réussi. En y insérant des mesures restrictives, spécialement applicables aux petits séminaires, on a voulu exciter les alarmes naturelles des chefs de l'Église, et détourner leur attention et leur zèle de la question générale de l'enseignement sur cet intérêt sacré, mais spécial; on a voulu leur dérober le fait ultérieur, la conséquence d'un changement qui, en délivrant les petits séminaires, même au prix de très-grands maux, du régime arbitraire des ordonnances, et en y admettant les élèves laïques, n'aurait pas manqué d'y attirer les enfants de la plupart des familles chrétiennes, et de créer ainsi une concurrence formidable à l'Université. Les évêques ayant réclamé le maintien d'un régime exceptionnel, on le leur concédera, et on aura l'art de faire envisager cette concession comme une grande victoire remportée par la religion. Par compensation de cette faveur accordée à la jeunesse du sanctuaire, on aura soin de resserrer les liens qui enchaînent la jeunesse laïque aux pieds de l'Université. Nos docteurs infaillibles admettent que l'Église doit encore durer quelque temps, et, à l'exception peut-être de M. Cousin, ils veulent bien reconnaître que leurs connaissances théologiques ne sont pas précisément de nature à mériter qu'on leur confie l'éducation du clergé; mais, en revanche, ils se croient un droit exclusif à l'éducation du genre humain. Rien ne saurait convenir davantage à leurs vues que cette distinction entre l'éducation première des enfants destinés au sacerdoce, et celle des enfants qui devraient former les ouailles de ce même sacerdoce. Ils abandonnent volontiers à l'Église le soin de former ses ministres, à condition de lui arracher le droit de former ses fidèles. Ils consentent avec joie à un partage qui fait de leur orgueil le rival, l'héritier et le vainqueur de l'Église; à elle, disent-ils, le prêtre; à nous l'homme, le citoyen, le chrétien; à elle la sacristie; à nous la patrie, la société, le monde.

Les évêques de France accepteront-ils un semblable partage? Borneront-ils l'exercice de leur droit divin sur l'éducation de l'enfance chrétienne à la possession de leurs petits séminaires? Trouveront-ils ces petits séminaires eux-mêmes suffisamment garantis par les dispositions précaires de quelques ordonnances que d'autres ordonnances peuvent révoquer demain? Je ne sais; mais ce que je sais bien, c'est que si les pères de famille catholiques sont disposés à se contenter d'un semblable état de choses, s'ils renferment leur ambition dans des bornes si étroites, alors il vaut mille fois mieux se taire dès à présent, et ne pas se consumer en petits efforts pour arriver à un résultat puéril. *En fait*, une loi sur la liberté d'enseignement comme celle qu'on nous réserve ne changera rien à l'état actuel; elle ne sera que l'occasion d'un nouveau triomphe pour l'Université et ses défenseurs. Après nous avoir garrottés de nouveau, et de notre consentement, sous un réseau de mesures restrictives qu'on aura décoré du nom de liberté, ils se moqueront à bon droit de la stérilité de nos efforts pour leur échapper, et des clameurs ridicules par lesquelles nous aurons sollicité cette liberté, dont nous ne saurons faire aucun usage.

Si, au contraire, les catholiques de France ne veulent plus être dupes ni victimes, s'ils veulent sérieusement délivrer leur postérité du joug de l'hypocrisie et de l'orgueil rationaliste, alors, qu'ils le sachent bien, il faut changer totalement d'allures.

XVII

Et d'abord, il faut bien se persuader que leur affranchissement ne viendra que d'eux-mêmes. *Aide-toi, le ciel t'aidera*; cette vieille maxime n'a jamais été plus vraie que pour eux. Ils n'ont rien à espérer, ni de la bienveillance du pouvoir, ni de la bonne foi de leurs adversaires.

Nous l'avons déjà dit, se figurer que l'Université, quel que soit l'homme politique momentanément appelé à la diriger, voudra sincèrement se dépouiller d'une portion quelconque de son autorité usurpée pour en revêtir l'Église, supposer qu'une transaction à l'amiable avec elle satisferait aux besoins religieux de l'éducation, ce serait la plus déplorable des illusions : entre elle et les catholiques, la guerre doit être ouverte et sans trêve, jusqu'au jour où, privée du droit abusif de nous prendre nos enfants malgré nous, et retenue dans le devoir par la crainte salutaire de la concurrence, elle sera réduite au rang d'une grande institution de l'État, qui méritera l'appui et le concours des catholiques et du clergé, au même point que toutes les autres, c'est-à-dire selon la mesure de son respect et de ses ménagements pour des intérêts sacrés qui ne dépendront plus d'elle; jusques-là, tout rapprochement avec elle ne peut qu'entraîner des inconvénients et des embarras, et fournir des occasions de triomphe à la perfide habileté que l'on déploie contre nous.

Certainement, quand M. l'évêque d'Angoulême a consenti dernièrement à bénir la première pierre d'un nouveau collége royal, il ne pensait pas que M. Villemain interpréterait cet acte comme une marque d'approbation décernée à l'Université, ainsi qu'il l'a fait à la tribune de la chambre élective, le 27 mai 1843. Quand M. l'archevêque de Paris est allé donner la confirmation au collége Henri IV, et a prononcé, à cette occasion, quelques paroles qui n'ont point été publiées, il s'attendait bien peu à ce que le même M. Villemain, répondant, dans le *Journal des Débats*, à la cruelle attaque d'un député de la gauche contre l'enseignement moral de l'Université, aurait la hardiesse de représenter cet enseignement comme justifié par la visite du prélat[1].

Pas plus que de l'Université, les catholiques n'ont rien à attendre d'aucune des branches du pouvoir législatif.

Rien de la Chambre des Députés, où, malgré la généreuse minorité qui s'est prononcée en faveur de la proposition de M. de Carné, la cause de la liberté religieuse ne triomphera jamais de l'union des instincts irréligieux de l'ancienne gauche avec les instincts timides de la plupart des députés ministériels; à moins d'un mouvement d'opinion hors du parlement qui éclaire les aveugles et effraie les opiniâtres, comme on l'a vu en Angleterre lors de l'émancipation des catholiques.

Rien de la Chambre des Pairs, plus hostile en-

[1] *Journal des Débats* du 17 ou 18 juin 1843. Il n'est pas hors de propos de reproduire ici les paroles mêmes de M. Chambolle, député et rédacteur en chef du *Siècle*, prononcées à la tribune dans la séance du 15 juin : « Il y a des vérités morales qu'il est nécessaire « de répandre dans les colléges ; qui est-ce qui en est chargé ? Je « vois bien le texte de la loi, mais un texte stérile. Vous connaissez « tous des élèves de nos colléges ; vous les avez interrogés ; je les « ai interrogés aussi. Eh bien ! quand on leur adresse certaines « questions, ils savent à peine ce qu'on veut leur dire. »

core à la liberté d'enseignement que ne l'est la Chambre des Députés, mais moins par irréligion, moins par défiance de l'Église que par complaisance maladive envers le gouvernement, qui l'a accoutumée à tout subir, comme le lui a dit avec tant de raison M. le duc d'Harcourt [1], et qui, grâce aux catégories, peut y introduire sans cesse de nouveaux instruments de ses volontés.

Rien, enfin, de la Couronne, si ce n'est des phrases plus ou moins bienveillantes, que l'on n'aura même pas toujours le courage de laisser imprimer. On se rappelle la non-insertion au *Moniteur* de la réponse royale aux plaintes si justes et si modérées de Monsieur l'Archevêque de Paris, lors du 1er mai 1842. Je ne crois pas manquer au respect constitutionnel que je dois et que je porte à la personne royale, en disant que cette suppression donne la mesure de la faveur que la question de la liberté d'enseignement trouve auprès du chef de l'État. On aurait tort de m'imputer à ce sujet une hostilité quelconque contre le gouvernement actuel : je suis persuadé, au contraire, que la religion pourrait faire des progrès durables et acquérir des droits précieux sous la dynastie d'Orléans, si toutefois les hommes religieux le veulent ainsi, et cela, parce qu'il n'y a plus de confusion possible entre les intérêts temporels du pouvoir et les droits éternels de l'Église.

[1] Discussion des fonds secrets.

XVIII

Les catholiques n'ont donc rien à espérer des Chambres, ni de la Couronne. En revanche, ils ont tout à espérer d'eux-mêmes, toujours s'ils le veulent bien.

Les catholiques, en France, ont depuis trop longtemps l'habitude de compter sur tout, excepté sur eux-mêmes. Encore aujourd'hui, beaucoup d'entre eux comptent sur je ne sais quel avenir chimérique, et négligent le présent dont il leur sera demandé un compte si sévère. Et, cependant, aucune puissance, aucune royauté, aucune révolution ne pourra jamais pour eux ce qu'ils peuvent déjà tout seuls; aucune ne pourra jamais leur octroyer ce qu'ils obtiendraient demain s'ils voulaient le demander, non comme une faveur, mais comme un droit, et le poursuivre comme une condition même de leur existence sociale.

Les catholiques, en France, sont nombreux; ils sont riches; ils sont estimés même par leurs plus violents adversaires. Il ne leur manque qu'une seule chose, c'est le courage; mais cette seule chose, c'est tout. Sans elle, le nombre, la richesse, la considération ne sont rien; sans elle, on n'est bon qu'à servir de jouet aux habiles et aux forts.

Et pourquoi des hommes d'ailleurs remplis d'énergie, de cœur et d'intelligence, viennent-ils tout à coup à en manquer dans la défense des intérêts religieux? C'est qu'ils n'ont pas encore appris à isoler ces intérêts et à les représenter dans leur force et leur majesté naturelle. C'est que, dans la vie publique, ils sont catholiques *après tout*, au lieu de l'être *avant tout*; c'est qu'ils aiment mieux laisser faire aux autres, et se mettre à la queue d'un parti que d'être un parti par eux-mêmes.

Et cependant ils n'obtiendront jamais rien, jusqu'à ce qu'ils se décident à agir virilement, jusqu'à ce qu'ils aient la conviction de leur force et qu'ils aient donné cette conviction à leurs adversaires, jusqu'à ce qu'ils soient devenus ce qu'on appelle, en style parlementaire, un embarras sérieux. Alors seulement on comptera avec eux, on daignera prendre en considération leurs droits, leurs vœux et leurs plaintes.

Pour en arriver là, les moyens abondent. Il s'agit seulement d'entrer dans la vie publique avec la conscience du but où l'on tend, et en prenant pour signe de ralliement la liberté d'enseignement, ou, en d'autres termes, l'éducation religieuse garantie par la liberté commune. Il n'y a pas d'assemblée ou de corps constitué en France, depuis le dernier conseil municipal jusqu'à la chambre des députés, où cette grande question d'éducation ne soit posée une fois au moins tous les ans, là, par le traitement de l'instituteur primaire ou le choix de la sœur de charité; ici, par le vote du budget de l'instruction publique; ailleurs et d'autres fois par ces mille débats qui surgissent sans cesse sur les congrégations, sur les fondations, sur les autorisations qui dépendent des diverses autorités électives.

Il n'y a guère d'affaire qui intéresse la cité et l'État où le sort de l'enfance et de la jeunesse ne soit compromis, et il n'y a pas d'affaire qui intéresse l'enfance, où l'Université, avec ses entraves et ses confiscations, ne se trouve en présence du bon droit et du bon sens. Il faut donc que partout les catholiques se présentent avec la résolution de la combattre, et de s'entendre entre eux, sans distinction de classe ou d'opinion politique, pour venir à bout de l'ennemie commune. Il faut qu'ils descendent dans l'arène électorale, chaque fois qu'elle s'ouvrira pour eux, avec un plan de conduite arrêté, pur de tout alliage politique, de toute rancune personnelle, mais combiné de manière à repousser des fonctions électives, par tous les moyens légitimes, les hommes qui ne s'engageront pas à travailler avec eux à l'affranchissement complet de l'éducation en France. Il faut qu'ils plantent cette bannière nouvelle, mais franche et généreuse, au sein des élections municipales, départementales et générales; partout, en un mot, où notre constitution appelle les Français à témoigner de leur intérêt pour la chose publique et de leur attachement aux droits précieux dont elle les a investis. Dans beaucoup de localités, les catholiques, s'ils voulaient se compter et se discipliner, constitueraient à eux seuls la majorité : dans presque toutes, ils formeraient cet appoint de votes, si recherché dans les luttes électorales, et qui déterminerait presque partout le triomphe du candidat dont les engagements au profit de la liberté d'enseignement seraient les plus significatifs.

Les élections toutefois n'offrent aux catholiques qu'une occasion temporaire, quoique souveraine et décisive, de déployer leur force et leur intelligence ; la presse, au contraire, les convie tous les jours à des sacrifices méritoires et à des luttes sans cesse renouvelées. Dans la malheureuse Espagne, où la religion, depuis trop longtemps énervée par l'absolutisme, s'est trouvée tout à coup et sans défense en butte aux violences et aux perfidies d'une horde de persécuteurs avides ; au milieu des confiscations, des poursuites judiciaires, des sentences d'exil prononcées contre les meilleurs évêques, malgré le massacre de tant de religieux, malgré la misère profonde où est plongé le clergé tout entier, malgré la guerre civile, la confusion et la pauvreté générales, on voit cependant avec admiration s'établir et se maintenir dans toutes les grandes villes des journaux voués exclusivement à la défense des droits du catholicisme. Dans toute la France, où les catholiques sont deux fois plus nombreux qu'en Espagne, où ils ont à leur portée plus de facilités pour se défendre que dans aucun autre pays du monde, c'est à peine si l'on compte trois ou quatre journaux consacrés, en dehors des partis politiques, aux intérêts catholiques. D'où vient cette honteuse infériorité, si ce n'est de ce principe général d'apathie et de mollesse que nous signalions tout à l'heure? Et cependant, si les révélations et les dénonciations faites contre l'Université par ces trois ou quatre journaux, ont tellement alarmé et affaibli nos oppresseurs, que serait-ce donc si, dans chacune de nos provinces, il y avait un organe périodique consacré à rappeler aux pères de famille leurs devoirs et leurs droits, à arracher sur place le voile qui couvre les désordres et les misères des établissements universitaires, et enfin à constituer, pour les catholiques de la contrée, un foyer d'union, de courage, de vigilance et de dévouement?

En dehors des luttes électorales et des combats quotidiens de la presse, nous avons encore la ressource des pétitions, ressource si féconde et si facile à la fois, par laquelle la voix des catholiques, à défaut de mandataires plus spéciaux, peut retentir au sein du parlement, réveiller sans cesse les consciences endormies, et troubler cette paix de la servitude où se complaisent les amis de l'Université. C'est par là, peut-être, qu'il faudrait commencer à déployer cette énergie nouvelle qui est indispensable au succès de notre cause, car c'est par là qu'on peut arriver le plus directement au centre de la publicité, démontrer sans réplique l'intensité des répugnances que soulève le monopole. Que des pétitions nombreuses, diverses, successives, arrivent dès l'ouverture de la prochaine session, et pendant toute sa durée, aux deux Chambres; qu'elles répètent, non pas comme d'après un mot d'ordre transmis d'ailleurs, mais avec un ensemble qui dénote l'unanimité des cœurs catholiques, tout ce que renfermaient celles qu'on a discutées et admises cette année; qu'elles réclament avec persévérance et fermeté la liberté tout entière, sans autre restriction que le droit répressif qui appartient à l'État; et, le lendemain du jour où serait votée par malheur une loi confirmative de la juridiction universitaire, à quelque degré que ce fût, sur les établissements libres, qu'elles recommencent à demander vigoureusement la liberté, en sollicitant l'abrogation de la loi nouvelle comme première garantie. Dans la dernière session, on a passé à l'ordre du jour sur deux pétitions qui demandaient le rétablissement des corporations religieuses consacrées à l'éducation : eh bien! qu'à la prochaine session il en revienne, non pas deux, mais deux cents qui formulent le même vœu : nous verrons si elles rencontreront un accueil aussi dédaigneux. Ce qui est sûr, c'est qu'à une époque de dissolution sociale et politique comme la nôtre, il n'y a pas de parti, pas de ministère, pas de gouvernement qui puisse résister à l'action légitime, énergique et persévérante d'un grand corps comme celui des catholiques français, s'ils savaient user de leur force. Se figure-t-on l'effet que produiraient les pétitions de vingt diocèses seulement, signées en premier lieu par l'évêque, puis par le clergé et les chefs de famille?

XIX

Ah! que l'on connaît peu les ressources d'une volonté ferme et unie! Qu'il est triste de voir les gens de bien abandonner aux ambitions de bas étage, aux intrigues, aux factions, tous les secrets et tous les droits du courage! Qu'ils sont rares ces cœurs droits et purs, qui pourront, au déclin d'une vie pleine de dévouement et d'honneur, se rendre le témoignage d'avoir méprisé *les conseils pusillanimes de la prudence humaine*[1]!

Lorsqu'il y a quatre-vingts ans la première pétition en faveur de l'émancipation des catholiques fut présentée à la Chambre des communes d'Angleterre, non-seulement elle fut rejetée d'emblée, mais un membre prit la pétition et la jeta à coups de pied par dessus la barre de la Chambre. Et aujourd'hui, non-seulement les catholiques des trois royaumes sont émancipés, mais qui peut dire où

[1] Discours du cardinal Pacca, doyen du sacré Collége, à l'Académie Catholique de Rome.

en serait l'Angleterre, si les catholiques irlandais avaient un chef moins loyal et moins prudent que M. O'Connell?

Au printemps dernier, pendant qu'en France les orateurs universitaires se moquaient avec assez de raison du nombre presque imperceptible de pétitionnaires qui sollicitaient la liberté, que se passait-il au-delà du détroit? Une loi destinée à pourvoir à l'éducation des enfants employés dans les manufactures, et à les placer sous la surveillance du clergé anglican, soulevait en un mois de temps TREIZE MILLE pétitions revêtues de DEUX MILLIONS de signatures, au premier rang desquelles on lisait celles de tous les vicaires apostoliques, de la noblesse et du clergé catholique. L'administration de sir Robert Peel, quoiqu'un peu plus forte que celle des collègues de M. Villemain, recula aussitôt devant cette imposante manifestation des amis de la liberté religieuse, et le projet fut retiré. Cependant de quoi s'agissait-il? Non pas d'empêcher, comme cela se pratique en France, les catholiques et les autres dissidents de créer à leur gré des écoles pour y recueillir leurs propres enfants, mais seulement de confier ceux d'entre les enfants pauvres qui ne seraient pas autrement pourvus, à l'Église établie.

Et nous, pendant ce temps-là, nous catholiques français, nous sortions à peine de notre torpeur pour écouter les blasphèmes de ces infortunés qui, payés par l'État et parlant en son nom, disent à la jeunesse qu'*il n'y a d'hérétiques et de schismatiques en France que les catholiques*[1], et qu'ils se chargent d'*enseigner Dieu à l'Église*[2].

XX

La liberté ne se reçoit pas, elle se conquiert. Cela est surtout vrai de la liberté dans l'ordre moral et religieux[3].

La constitution politique de la France offre aux catholiques tous les moyens qui leur sont nécessaires pour revendiquer leurs droits et en consolider à

[1] « Tous les Français appartiennent légalement à une même Église sous des noms différents, il n'y a ici désormais de schismatiques, d'hérétiques que ceux qui, niant toute autre Église que la leur, toute autre autorité que la leur, veulent l'imposer à toutes les autres ; rejeter toutes les autres sans discussion, et osent dire : Hors de mon Église il n'y a point de salut, lorsque l'État dit précisément le contraire. » M. Quinet, *des Jésuites*, p. 111. Plus loin, il se définit lui-même ainsi qu'il suit : « *Un homme qui enseigne, ici, publiquement, au nom de l'État.* » P. 132.

[2] « L'Église s'occupe du monde, elle nous enseigne nos affaires, à la bonne heure ! Nous LUI ENSEIGNERONS DIEU ! » M. Michelet, *des Jésuites*, p. 26. Plus loin il se vante de ce que ses élèves ont répandu son enseignement de l'École normale *sur tous les points de la France*. P. 75. Il faut que les catholiques gravent profondément dans leur mémoire ces leçons données au nom de l'État, et qu'ils n'oublient pas en même temps que le chef de l'enseignement de l'État, qui a osé, à la tribune, traiter de calomnies les plaintes des catholiques, n'a pas osé adresser la moindre observation publique aux auteurs de ces blasphèmes officiels.

[3] Voir l'excellent article de M. Wilson, sur la liberté d'enseigne-

jamais la possession. Malheur à nous si elle continuait à être pour eux l'objet d'une défiance absurde ou d'une indifférence coupable! C'est un instrument admirable et irrésistible; mais à une condition toutefois, c'est qu'on veuille et qu'on sache s'en servir.

Cette constitution effraie les plus perfides de nos ennemis qui préparent déjà le sacrifice de la Charte à la philosophie [1].

Cette constitution nous fournit le moyen de contraindre le pouvoir à se prononcer devant la France, l'Europe et l'Église, entre le système belge qui sauve la religion par la liberté, et le système russe qui, un peu moins généreux que M. Villemain, ne laisse pas même aux pères de famille la ressource des précepteurs domestiques [2].

Cette constitution nous garantit la liberté de la presse, la liberté de la tribune et le droit de pétition.

Avec ces armes-là, mais bien moins assurées que

ment, dans *le Correspondant* du 15 février 1843, t. I, p. 145. Nous ne saurions assez en recommander la lecture à tous les amis de notre cause.

[1] « Il y a quelque chose qui vaut mieux pour nous que la Charte elle-même, c'est l'esprit philosophique dont elle a consacré les droits et résumé les conquêtes. » *Journal des Débats*, du 13 septembre 1843.

[2] En Russie nul ne peut exercer les fonctions de précepteur, ni même de gouvernante, sans l'autorisation du ministère de l'instruction publique. C'est le beau idéal de l'éducation par l'État. Voir le rapport du ministre Uwaroff à l'empereur pour l'année 1842. Il lui apprend que sur 60 millions de sujets russes, il n'y a que 1554 précepteurs des deux sexes. *Gazette d'Augsbourg*, du 20 juillet 1843.

les nôtres, les catholiques belges ont créé une résistance légale au despotisme hollandais, et après avoir renversé le trône de Nassau et fondé une constitution qui ne consacre pas un seul privilége à leur profit, c'est encore avec ces armes qu'ils maintiennent le droit commun contre les libérâtres qui voudraient les en exclure [1].

Avec ces armes-là, l'Irlande catholique, guidée par ses généreux évêques, a reconquis sa nationalité, fait trembler la puissante Angleterre et se trouve à la veille d'accomplir ce que les politiques ont si longtemps déclaré *impossible*, le rappel de l'union.

Avec ces armes-là, les catholiques français peuvent briser, au bout de quelques années d'efforts, et pour jamais, le joug d'une législation abusive qui est un attentat aux droits de la conscience, de la famille et de la société.

Si vous ne le brisez pas, catholiques, ne vous en prenez qu'à vous-mêmes. Si vous vous laissez tromper par les paroles tantôt doucereuses, tantôt insolentes et hautaines des chefs de l'Université; si vous vous endormez avec une béate confiance dans je ne sais quelles promesses cent fois démenties; si chaque fois qu'il s'élève parmi vous des voix désinté-

[1] Puisque nous parlons de la Belgique, nous dirons que M. l'évêque de Liége, dans son ouvrage intitulé : *Exposé des vrais principes sur l'instruction publique*, a parfaitement développé tous les points de vue de cette grande question en ce qui touche non-seulement à la Belgique, mais à la chrétienté tout entière.

ressées et intrépides pour flétrir la tyrannie, vous criez au danger et à l'imprudence, alors, vous pouvez y compter, cette tyrannie durera et se fortifiera en durant; comptez-y aussi, vous serez punis de votre lâcheté et de votre mollesse dans votre postérité : le germe infect qui vous effraie se transmettra et se propagera de génération en génération, et les enfants de vos enfants seront exploités comme l'ont été leurs pères, par des rhéteurs, des sophistes et des hypocrites. Dormez maintenant, si vous le pouvez, ilotes volontaires, en présence d'un tel avenir : mais cessez de vous plaindre en dormant d'un mal dont le remède prompt et facile est entre vos mains, et subissez en silence le sort que vous aurez voulu et que vous aurez mérité.

FIN.

www.ingramcontent.com/pod-product-compliance
Lightning Source LLC
Chambersburg PA
CBHW070117300326
41934CB00035B/1728
* 9 7 8 2 0 1 3 5 3 2 0 4 4 *